Grateful
EVERY DAY

a one minute a day
gratitude journal
for women

*Your 52-week guide for creating a more mindful,
positive, and appreciative life*

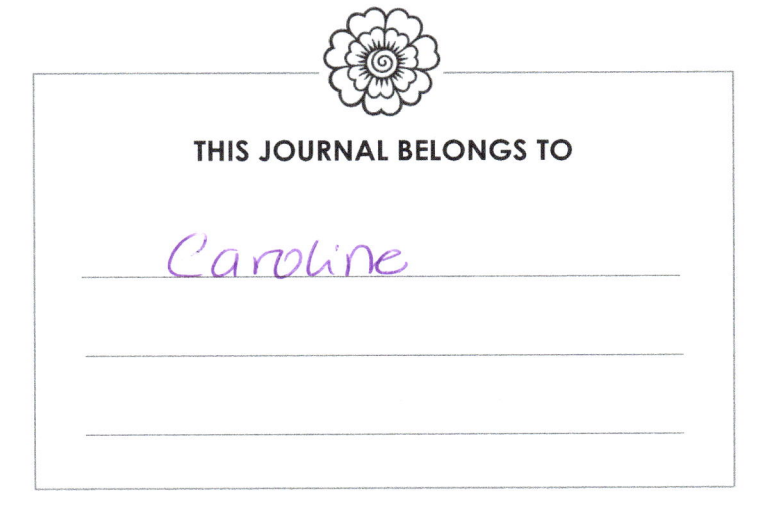

THIS JOURNAL BELONGS TO

Caroline

© 2020 Pixelated Poppy Press
ALL RIGHTS RESERVED.

This book is for your personal use. No part of this book may be reproduced or transmitted in any form or by any means, electronic or mechanical, including photocopying, recording, or by any information storage and retrieval system, without written permission from the publisher.

> "Wear gratitude like a cloak, and it will feed every corner of your life."
> ~Rumi

You've probably heard it said that outlook changes everything. And it's true. The way you view your life and the world that surrounds you—*the way you see yourself*—all have an impact on how you feel each and every day.

The secret to appreciating life's blessings, both big and small, is to take the time to see them, to acknowledge them, and to reflect on how fulfilling life truly is.

For the next 52 weeks, keep a promise to yourself to live with deeper awareness, and with a focus on mindfulness and positivity. Commit to yourself each day that you will pause, even for just a minute or two, and take note of the things you are grateful for.

This journal will help guide your way.

HOW TO USE THIS JOURNAL

Each two-page spread covers seven days of entries. Begin your day by reading the week's Positivity Focus. This affirmation will serve as a touchstone for your week.

Each day, jot down a few things you're grateful for. You can make a numbered list of two or three things, or use the space to write briefly about what you're grateful for that day.

At the end of each week, you'll find space to reflect on the past seven days: your thoughts related to the week's Positivity Focus, or just a note about something good that happened, or how you feel at the close of the week.

Midway through this journal, you'll pause to revisit some of your previous entries, then write, draw, doodle, or paste in photos as reminders of what you've learned so far and how you feel moving into the second half of your 52-week journey toward a more mindful, engaged, and happy life.

In the end, there is no right or wrong way to use this journal. It's all about *you*. Make it your own. Fill it up in whatever way you like. All that matters is that these pages provide you with a few minutes of peace, reflection, and positivity.

To your happiness!

THIS WEEK'S POSITIVITY FOCUS
I am letting go of old, unhelpful habits
and beginning new, more positive ones.

I am feeling: 😊 🙂 😐 ☹️   Date: 10/04/22

Today I am grateful for:
I am grateful for my friends who understand me, listen to me and accept me

I am feeling: 😊 🙂 😐 ☹️   Date: _____

Today I am grateful for: _____

I am feeling: 😊 🙂 😐 ☹️   Date: _____

Today I am grateful for: _____

I am feeling: 😊 🙂 😐 ☹️   Date: _____

Today I am grateful for: _____

I am feeling: 😍 🙂 😐 🙁   Date: _____

Today I am grateful for: _____

_____
_____
_____

I am feeling: 😍 🙂 😐 🙁   Date: _____

Today I am grateful for: _____

_____
_____
_____

I am feeling: 😍 🙂 😐 🙁   Date: _____

Today I am grateful for: _____

_____
_____
_____

REFLECT ON YOUR WEEK
How did the Positivity Focus influence your week? What were some of the good things that happened? How do you feel at the close of this week?

THIS WEEK'S POSITIVITY FOCUS
I act with courage and confidence.

I am feeling: 😊 🙂 😐 ☹️   Date: _____

Today I am grateful for: _____

_____

_____

_____

I am feeling: 😊 🙂 😐 ☹️   Date: _____

Today I am grateful for: _____

_____

_____

_____

I am feeling: 😊 🙂 😐 ☹️   Date: _____

Today I am grateful for: _____

_____

_____

_____

I am feeling: 😊 🙂 😐 ☹️   Date: _____

Today I am grateful for: _____

_____

_____

_____

I am feeling: 😌 🙂 😐 🙁   Date: _____

Today I am grateful for: _____

_____

_____

_____

I am feeling: 😌 🙂 😐 🙁   Date: _____

Today I am grateful for: _____

_____

_____

_____

I am feeling: 😌 🙂 😐 🙁   Date: _____

Today I am grateful for: _____

_____

_____

_____

REFLECT ON YOUR WEEK
How did the Positivity Focus influence your week? What were some of the good things that happened? How do you feel at the close of this week?

THIS WEEK'S POSITIVITY FOCUS
Whether I look at the grand scale or the small,
I can see how important I am.

I am feeling: 😊 🙂 😐 🙁   Date: _____

Today I am grateful for: _____

_____
_____
_____

I am feeling: 😊 🙂 😐 🙁   Date: _____

Today I am grateful for: _____

_____
_____
_____

I am feeling: 😊 🙂 😐 🙁   Date: _____

Today I am grateful for: _____

_____
_____
_____

I am feeling: 😊 🙂 😐 🙁   Date: _____

Today I am grateful for: _____

_____
_____
_____

I am feeling: 😍 🙂 😐 ☹️   Date: _____

Today I am grateful for: _____

_____

_____

_____

I am feeling: 😍 🙂 😐 ☹️   Date: _____

Today I am grateful for: _____

_____

_____

_____

I am feeling: 😍 🙂 😐 ☹️   Date: _____

Today I am grateful for: _____

_____

_____

_____

REFLECT ON YOUR WEEK
How did the Positivity Focus influence your week? What were some of the good things that happened? How do you feel at the close of this week?

THIS WEEK'S POSITIVITY FOCUS
Today is a blessing and a gift, and I will not waste it.

I am feeling: 😊 🙂 😐 ☹️   Date: _____

Today I am grateful for: _____

_____
_____
_____

I am feeling: 😊 🙂 😐 ☹️   Date: _____

Today I am grateful for: _____

_____
_____
_____

I am feeling: 😊 🙂 😐 ☹️   Date: _____

Today I am grateful for: _____

_____
_____
_____

I am feeling: 😊 🙂 😐 ☹️   Date: _____

Today I am grateful for: _____

_____
_____
_____

I am feeling: 😍 🙂 😐 ☹️   Date: _____

Today I am grateful for: _____

_____
_____
_____

I am feeling: 😍 🙂 😐 ☹️   Date: _____

Today I am grateful for: _____

_____
_____
_____

I am feeling: 😍 🙂 😐 ☹️   Date: _____

Today I am grateful for: _____

_____
_____
_____

REFLECT ON YOUR WEEK
How did the Positivity Focus influence your week? What were some of the good things that happened? How do you feel at the close of this week?

THIS WEEK'S POSITIVITY FOCUS
I am creative and open to new ideas.

I am feeling: 😊 🙂 😐 🙁   Date: _____

Today I am grateful for: _____

_____

_____

_____

I am feeling: 😊 🙂 😐 🙁   Date: _____

Today I am grateful for: _____

_____

_____

_____

I am feeling: 😊 🙂 😐 🙁   Date: _____

Today I am grateful for: _____

_____

_____

_____

I am feeling: 😊 🙂 😐 🙁   Date: _____

Today I am grateful for: _____

_____

_____

_____

I am feeling: 😊 🙂 😐 ☹️   Date: _____

Today I am grateful for: _____

_____

_____

_____

I am feeling: 😊 🙂 😐 ☹️   Date: _____

Today I am grateful for: _____

_____

_____

_____

I am feeling: 😊 🙂 😐 ☹️   Date: _____

Today I am grateful for: _____

_____

_____

_____

REFLECT ON YOUR WEEK
How did the Positivity Focus influence your week? What were some of the good things that happened? How do you feel at the close of this week?

THIS WEEK'S POSITIVITY FOCUS
I carry peace, love, and joy in my heart always.

I am feeling: 😍 🙂 😐 ☹️   Date: _____

Today I am grateful for: _____

_____
_____
_____

I am feeling: 😍 🙂 😐 ☹️   Date: _____

Today I am grateful for: _____

_____
_____
_____

I am feeling: 😍 🙂 😐 ☹️   Date: _____

Today I am grateful for: _____

_____
_____
_____

I am feeling: 😍 🙂 😐 ☹️   Date: _____

Today I am grateful for: _____

_____
_____
_____

I am feeling: 😊 🙂 😐 🙁   Date: _____

Today I am grateful for: _____

_____

_____

_____

I am feeling: 😊 🙂 😐 🙁   Date: _____

Today I am grateful for: _____

_____

_____

_____

I am feeling: 😊 🙂 😐 🙁   Date: _____

Today I am grateful for: _____

_____

_____

_____

REFLECT ON YOUR WEEK
How did the Positivity Focus influence your week? What were some of the good things that happened? How do you feel at the close of this week?

THIS WEEK'S POSITIVITY FOCUS
I don't have to be perfect; I just have to be me.

I am feeling: 😊 🙂 😐 🙁   Date: _____

Today I am grateful for: _____
_____
_____
_____

I am feeling: 😊 🙂 😐 🙁   Date: _____

Today I am grateful for: _____
_____
_____
_____

I am feeling: 😊 🙂 😐 🙁   Date: _____

Today I am grateful for: _____
_____
_____
_____

I am feeling: 😊 🙂 😐 🙁   Date: _____

Today I am grateful for: _____
_____
_____
_____

I am feeling: 😍 🙂 😐 ☹️   Date: _____

Today I am grateful for: _____

_____
_____
_____

I am feeling: 😍 🙂 😐 ☹️   Date: _____

Today I am grateful for: _____

_____
_____
_____

I am feeling: 😍 🙂 😐 ☹️   Date: _____

Today I am grateful for: _____

_____
_____
_____

REFLECT ON YOUR WEEK
How did the Positivity Focus influence your week? What were some of the good things that happened? How do you feel at the close of this week?

THIS WEEK'S POSITIVITY FOCUS
My day is full of possibility and potential.

I am feeling: 😊 🙂 😐 ☹️   Date: _____

Today I am grateful for: _____

_____

_____

_____

I am feeling: 😊 🙂 😐 ☹️   Date: _____

Today I am grateful for: _____

_____

_____

_____

I am feeling: 😊 🙂 😐 ☹️   Date: _____

Today I am grateful for: _____

_____

_____

_____

I am feeling: 😊 🙂 😐 ☹️   Date: _____

Today I am grateful for: _____

_____

_____

_____

I am feeling: 😍 🙂 😐 🙁   Date: _____

Today I am grateful for: _____

_____

_____

_____

I am feeling: 😍 🙂 😐 🙁   Date: _____

Today I am grateful for: _____

_____

_____

_____

I am feeling: 😍 🙂 😐 🙁   Date: _____

Today I am grateful for: _____

_____

_____

_____

REFLECT ON YOUR WEEK
How did the Positivity Focus influence your week? What were some of the good things that happened? How do you feel at the close of this week?

THIS WEEK'S POSITIVITY FOCUS
I love life and life loves me.

I am feeling: 😍 🙂 😐 ☹️   Date: _____

Today I am grateful for: _____

_____
_____
_____

I am feeling: 😍 🙂 😐 ☹️   Date: _____

Today I am grateful for: _____

_____
_____
_____

I am feeling: 😍 🙂 😐 ☹️   Date: _____

Today I am grateful for: _____

_____
_____
_____

I am feeling: 😍 🙂 😐 ☹️   Date: _____

Today I am grateful for: _____

_____
_____
_____

I am feeling: 😊 🙂 😐 ☹️   Date: _____

Today I am grateful for: _____

_____

_____

_____

I am feeling: 😊 🙂 😐 ☹️   Date: _____

Today I am grateful for: _____

_____

_____

_____

I am feeling: 😊 🙂 😐 ☹️   Date: _____

Today I am grateful for: _____

_____

_____

_____

REFLECT ON YOUR WEEK

How did the Positivity Focus influence your week? What were some of the good things that happened? How do you feel at the close of this week?

THIS WEEK'S POSITIVITY FOCUS
I enjoy spreading kindness wherever I go.

I am feeling: 😊 🙂 😐 🙁   Date: _____

Today I am grateful for: _____

_____

_____

_____

I am feeling: 😊 🙂 😐 🙁   Date: _____

Today I am grateful for: _____

_____

_____

_____

I am feeling: 😊 🙂 😐 🙁   Date: _____

Today I am grateful for: _____

_____

_____

_____

I am feeling: 😊 🙂 😐 🙁   Date: _____

Today I am grateful for: _____

_____

_____

_____

I am feeling: 😊 🙂 😐 ☹️   Date: _____

Today I am grateful for: _____
_____
_____
_____

I am feeling: 😊 🙂 😐 ☹️   Date: _____

Today I am grateful for: _____
_____
_____
_____

I am feeling: 😊 🙂 😐 ☹️   Date: _____

Today I am grateful for: _____
_____
_____
_____

REFLECT ON YOUR WEEK
How did the Positivity Focus influence your week? What were some of the good things that happened? How do you feel at the close of this week?

THIS WEEK'S POSITIVITY FOCUS
My life is abundant and full of promise.

I am feeling: 😊 🙂 😐 🙁   Date: _____

Today I am grateful for: _____

_____

_____

_____

I am feeling: 😊 🙂 😐 🙁   Date: _____

Today I am grateful for: _____

_____

_____

_____

I am feeling: 😊 🙂 😐 🙁   Date: _____

Today I am grateful for: _____

_____

_____

_____

I am feeling: 😊 🙂 😐 🙁   Date: _____

Today I am grateful for: _____

_____

_____

_____

I am feeling: 😍 🙂 😐 🙁   Date: _____

Today I am grateful for: _____

_____

_____

_____

I am feeling: 😍 🙂 😐 🙁   Date: _____

Today I am grateful for: _____

_____

_____

_____

I am feeling: 😍 🙂 😐 🙁   Date: _____

Today I am grateful for: _____

_____

_____

_____

REFLECT ON YOUR WEEK
How did the Positivity Focus influence your week? What were some of the good things that happened? How do you feel at the close of this week?

THIS WEEK'S POSITIVITY FOCUS
I believe in myself.

I am feeling: 😊 🙂 😐 ☹️   Date: _____

Today I am grateful for: _____

_____

_____

_____

I am feeling: 😊 🙂 😐 ☹️   Date: _____

Today I am grateful for: _____

_____

_____

_____

I am feeling: 😊 🙂 😐 ☹️   Date: _____

Today I am grateful for: _____

_____

_____

_____

I am feeling: 😊 🙂 😐 ☹️   Date: _____

Today I am grateful for: _____

_____

_____

_____

I am feeling: 😍 🙂 😐 🙁   Date: _____

Today I am grateful for: _____

_____

_____

_____

I am feeling: 😍 🙂 😐 🙁   Date: _____

Today I am grateful for: _____

_____

_____

_____

I am feeling: 😍 🙂 😐 🙁   Date: _____

Today I am grateful for: _____

_____

_____

_____

REFLECT ON YOUR WEEK
How did the Positivity Focus influence your week? What were some of the good things that happened? How do you feel at the close of this week?

THIS WEEK'S POSITIVITY FOCUS
My life is full of good things.

I am feeling: 😊 🙂 😐 ☹️   Date: _____

Today I am grateful for: _____

_____
_____
_____

I am feeling: 😊 🙂 😐 ☹️   Date: _____

Today I am grateful for: _____

_____
_____
_____

I am feeling: 😊 🙂 😐 ☹️   Date: _____

Today I am grateful for: _____

_____
_____
_____

I am feeling: 😊 🙂 😐 ☹️   Date: _____

Today I am grateful for: _____

_____
_____
_____

I am feeling: 😍 🙂 😐 🙁   Date: _____

Today I am grateful for: _____

_____

_____

_____

I am feeling: 😍 🙂 😐 🙁   Date: _____

Today I am grateful for: _____

_____

_____

_____

I am feeling: 😍 🙂 😐 🙁   Date: _____

Today I am grateful for: _____

_____

_____

_____

REFLECT ON YOUR WEEK
How did the Positivity Focus influence your week? What were some of the good things that happened? How do you feel at the close of this week?

THIS WEEK'S POSITIVITY FOCUS
I choose to be happy.

I am feeling: 😊 🙂 😐 ☹️   Date: _____

Today I am grateful for: _____

_____

_____

_____

I am feeling: 😊 🙂 😐 ☹️   Date: _____

Today I am grateful for: _____

_____

_____

_____

I am feeling: 😊 🙂 😐 ☹️   Date: _____

Today I am grateful for: _____

_____

_____

_____

I am feeling: 😊 🙂 😐 ☹️   Date: _____

Today I am grateful for: _____

_____

_____

_____

I am feeling: 😍 🙂 😐 🙁   Date: _____

Today I am grateful for: _____

_____

_____

_____

I am feeling: 😍 🙂 😐 🙁   Date: _____

Today I am grateful for: _____

_____

_____

_____

I am feeling: 😍 🙂 😐 🙁   Date: _____

Today I am grateful for: _____

_____

_____

_____

REFLECT ON YOUR WEEK
How did the Positivity Focus influence your week? What were some of the good things that happened? How do you feel at the close of this week?

THIS WEEK'S POSITIVITY FOCUS
My strength is great enough to face any struggle.

I am feeling: 😍 🙂 😐 ☹️   Date: _____

Today I am grateful for: _____
_____
_____
_____

I am feeling: 😍 🙂 😐 ☹️   Date: _____

Today I am grateful for: _____
_____
_____
_____

I am feeling: 😍 🙂 😐 ☹️   Date: _____

Today I am grateful for: _____
_____
_____
_____

I am feeling: 😍 🙂 😐 ☹️   Date: _____

Today I am grateful for: _____
_____
_____
_____

I am feeling: 😊 🙂 😐 🙁   Date: _____

Today I am grateful for: _____

_____

_____

_____

I am feeling: 😊 🙂 😐 🙁   Date: _____

Today I am grateful for: _____

_____

_____

_____

I am feeling: 😊 🙂 😐 🙁   Date: _____

Today I am grateful for: _____

_____

_____

_____

REFLECT ON YOUR WEEK
How did the Positivity Focus influence your week? What were some of the good things that happened? How do you feel at the close of this week?

THIS WEEK'S POSITIVITY FOCUS
I am filled with gratitude and hope.

I am feeling: 😍 🙂 😐 ☹️   Date: _____

Today I am grateful for: _____

_____
_____
_____

I am feeling: 😍 🙂 😐 ☹️   Date: _____

Today I am grateful for: _____

_____
_____
_____

I am feeling: 😍 🙂 😐 ☹️   Date: _____

Today I am grateful for: _____

_____
_____
_____

I am feeling: 😍 🙂 😐 ☹️   Date: _____

Today I am grateful for: _____

_____
_____
_____

I am feeling: 😍 🙂 😐 ☹️   Date: _____

Today I am grateful for: _____

_____
_____
_____

I am feeling: 😍 🙂 😐 ☹️   Date: _____

Today I am grateful for: _____

_____
_____
_____

I am feeling: 😍 🙂 😐 ☹️   Date: _____

Today I am grateful for: _____

_____
_____
_____

REFLECT ON YOUR WEEK
How did the Positivity Focus influence your week? What were some of the good things that happened? How do you feel at the close of this week?

THIS WEEK'S POSITIVITY FOCUS
My life is a work in progress, and I accept change.

I am feeling: 😊 🙂 😐 ☹️   Date: _____

Today I am grateful for: _____

_____

_____

_____

I am feeling: 😊 🙂 😐 ☹️   Date: _____

Today I am grateful for: _____

_____

_____

_____

I am feeling: 😊 🙂 😐 ☹️   Date: _____

Today I am grateful for: _____

_____

_____

_____

I am feeling: 😊 🙂 😐 ☹️   Date: _____

Today I am grateful for: _____

_____

_____

_____

I am feeling: 😍 🙂 😐 🙁   Date: _____

Today I am grateful for: _____

_____

_____

_____

I am feeling: 😍 🙂 😐 🙁   Date: _____

Today I am grateful for: _____

_____

_____

_____

I am feeling: 😍 🙂 😐 🙁   Date: _____

Today I am grateful for: _____

_____

_____

_____

REFLECT ON YOUR WEEK
How did the Positivity Focus influence your week? What were some of the good things that happened? How do you feel at the close of this week?

THIS WEEK'S POSITIVITY FOCUS
I believe my greatest dreams can come true.

I am feeling: 😍 🙂 😐 🙁   Date: _____

Today I am grateful for: _____
_____
_____
_____

I am feeling: 😍 🙂 😐 🙁   Date: _____

Today I am grateful for: _____
_____
_____
_____

I am feeling: 😍 🙂 😐 🙁   Date: _____

Today I am grateful for: _____
_____
_____
_____

I am feeling: 😍 🙂 😐 🙁   Date: _____

Today I am grateful for: _____
_____
_____
_____

I am feeling: 😊 🙂 😐 🙁   Date: _____

Today I am grateful for: _____

_____

_____

_____

I am feeling: 😊 🙂 😐 🙁   Date: _____

Today I am grateful for: _____

_____

_____

_____

I am feeling: 😊 🙂 😐 🙁   Date: _____

Today I am grateful for: _____

_____

_____

_____

REFLECT ON YOUR WEEK

How did the Positivity Focus influence your week? What were some of the good things that happened? How do you feel at the close of this week?

THIS WEEK'S POSITIVITY FOCUS
I choose to see my world with love.

I am feeling: 😊 🙂 😐 ☹️   Date: _____

Today I am grateful for: _____

_____

_____

_____

I am feeling: 😊 🙂 😐 ☹️   Date: _____

Today I am grateful for: _____

_____

_____

_____

I am feeling: 😊 🙂 😐 ☹️   Date: _____

Today I am grateful for: _____

_____

_____

_____

I am feeling: 😊 🙂 😐 ☹️   Date: _____

Today I am grateful for: _____

_____

_____

_____

I am feeling: 😊 🙂 😐 ☹️   Date: _____

Today I am grateful for: _____

_____

_____

_____

I am feeling: 😊 🙂 😐 ☹️   Date: _____

Today I am grateful for: _____

_____

_____

_____

I am feeling: 😊 🙂 😐 ☹️   Date: _____

Today I am grateful for: _____

_____

_____

_____

REFLECT ON YOUR WEEK
How did the Positivity Focus influence your week? What were some of the good things that happened? How do you feel at the close of this week?

THIS WEEK'S POSITIVITY FOCUS
My body is strong, beautiful, and miraculous.

I am feeling: 😊 🙂 😐 ☹️   Date: _____

Today I am grateful for: _____

_____

_____

_____

I am feeling: 😊 🙂 😐 ☹️   Date: _____

Today I am grateful for: _____

_____

_____

_____

I am feeling: 😊 🙂 😐 ☹️   Date: _____

Today I am grateful for: _____

_____

_____

_____

I am feeling: 😊 🙂 😐 ☹️   Date: _____

Today I am grateful for: _____

_____

_____

_____

I am feeling: 😍 🙂 😐 🙁   Date: _____

Today I am grateful for: _____

_____
_____
_____

I am feeling: 😍 🙂 😐 🙁   Date: _____

Today I am grateful for: _____

_____
_____
_____

I am feeling: 😍 🙂 😐 🙁   Date: _____

Today I am grateful for: _____

_____
_____
_____

REFLECT ON YOUR WEEK
How did the Positivity Focus influence your week? What were some of the good things that happened? How do you feel at the close of this week?

THIS WEEK'S POSITIVITY FOCUS
I act from a place of love and courage.

I am feeling: 😊 🙂 😐 ☹️   Date: _____

Today I am grateful for: _____

_____

_____

_____

I am feeling: 😊 🙂 😐 ☹️   Date: _____

Today I am grateful for: _____

_____

_____

_____

I am feeling: 😊 🙂 😐 ☹️   Date: _____

Today I am grateful for: _____

_____

_____

_____

I am feeling: 😊 🙂 😐 ☹️   Date: _____

Today I am grateful for: _____

_____

_____

_____

I am feeling: 😊 🙂 😐 ☹️   Date: _____

Today I am grateful for: _____

_____

_____

_____

I am feeling: 😊 🙂 😐 ☹️   Date: _____

Today I am grateful for: _____

_____

_____

_____

I am feeling: 😊 🙂 😐 ☹️   Date: _____

Today I am grateful for: _____

_____

_____

_____

REFLECT ON YOUR WEEK
How did the Positivity Focus influence your week? What were some of the good things that happened? How do you feel at the close of this week?

THIS WEEK'S POSITIVITY FOCUS
The world needs my unique talents and gifts.

I am feeling: 😊 🙂 😐 🙁 Date: _____

Today I am grateful for: _____

_____
_____
_____

I am feeling: 😊 🙂 😐 🙁 Date: _____

Today I am grateful for: _____

_____
_____
_____

I am feeling: 😊 🙂 😐 🙁 Date: _____

Today I am grateful for: _____

_____
_____
_____

I am feeling: 😊 🙂 😐 🙁 Date: _____

Today I am grateful for: _____

_____
_____
_____

I am feeling: 😊 🙂 😐 ☹️   Date: _____

Today I am grateful for: _____

_____
_____
_____

I am feeling: 😊 🙂 😐 ☹️   Date: _____

Today I am grateful for: _____

_____
_____
_____

I am feeling: 😊 🙂 😐 ☹️   Date: _____

Today I am grateful for: _____

_____
_____
_____

REFLECT ON YOUR WEEK
How did the Positivity Focus influence your week? What were some of the good things that happened? How do you feel at the close of this week?

THIS WEEK'S POSITIVITY FOCUS
I am prepared for the challenges of the day.

I am feeling: 😊 🙂 😐 ☹️   Date: _____

Today I am grateful for: _____

_____

_____

_____

I am feeling: 😊 🙂 😐 ☹️   Date: _____

Today I am grateful for: _____

_____

_____

_____

I am feeling: 😊 🙂 😐 ☹️   Date: _____

Today I am grateful for: _____

_____

_____

_____

I am feeling: 😊 🙂 😐 ☹️   Date: _____

Today I am grateful for: _____

_____

_____

_____

I am feeling: 😍 🙂 😐 🙁   Date: _____

Today I am grateful for: _____

_____

_____

_____

I am feeling: 😍 🙂 😐 🙁   Date: _____

Today I am grateful for: _____

_____

_____

_____

I am feeling: 😍 🙂 😐 🙁   Date: _____

Today I am grateful for: _____

_____

_____

_____

REFLECT ON YOUR WEEK
How did the Positivity Focus influence your week? What were some of the good things that happened? How do you feel at the close of this week?

THIS WEEK'S POSITIVITY FOCUS
I am worthy of respect from others and myself.

I am feeling: 😍 🙂 😐 🙁   Date: _____

Today I am grateful for: _____

_____

_____

_____

I am feeling: 😍 🙂 😐 🙁   Date: _____

Today I am grateful for: _____

_____

_____

_____

I am feeling: 😍 🙂 😐 🙁   Date: _____

Today I am grateful for: _____

_____

_____

_____

I am feeling: 😍 🙂 😐 🙁   Date: _____

Today I am grateful for: _____

_____

_____

_____

I am feeling: 😊 🙂 😐 🙁   Date: _____

Today I am grateful for: _____

_____

_____

_____

I am feeling: 😊 🙂 😐 🙁   Date: _____

Today I am grateful for: _____

_____

_____

_____

I am feeling: 😊 🙂 😐 🙁   Date: _____

Today I am grateful for: _____

_____

_____

_____

REFLECT ON YOUR WEEK

How did the Positivity Focus influence your week? What were some of the good things that happened? How do you feel at the close of this week?

THIS WEEK'S POSITIVITY FOCUS
I am my only limit.

I am feeling: 😊 🙂 😐 🙁   Date: _____

Today I am grateful for: _____

_____

_____

_____

I am feeling: 😊 🙂 😐 🙁   Date: _____

Today I am grateful for: _____

_____

_____

_____

I am feeling: 😊 🙂 😐 🙁   Date: _____

Today I am grateful for: _____

_____

_____

_____

I am feeling: 😊 🙂 😐 🙁   Date: _____

Today I am grateful for: _____

_____

_____

_____

I am feeling: 😊 🙂 😐 🙁   Date: _____

Today I am grateful for: _____

_____

_____

_____

I am feeling: 😊 🙂 😐 🙁   Date: _____

Today I am grateful for: _____

_____

_____

_____

I am feeling: 😊 🙂 😐 🙁   Date: _____

Today I am grateful for: _____

_____

_____

_____

REFLECT ON YOUR WEEK

How did the Positivity Focus influence your week? What were some of the good things that happened? How do you feel at the close of this week?

THIS WEEK'S POSITIVITY FOCUS
I am grateful for today and all the potential it holds.

I am feeling: 😊 🙂 😐 ☹️   Date: _____

Today I am grateful for: _____

_____

_____

_____

I am feeling: 😊 🙂 😐 ☹️   Date: _____

Today I am grateful for: _____

_____

_____

_____

I am feeling: 😊 🙂 😐 ☹️   Date: _____

Today I am grateful for: _____

_____

_____

_____

I am feeling: 😊 🙂 😐 ☹️   Date: _____

Today I am grateful for: _____

_____

_____

_____

I am feeling: 😍 🙂 😐 🙁   Date: _____

Today I am grateful for: _____

_____

_____

_____

I am feeling: 😍 🙂 😐 🙁   Date: _____

Today I am grateful for: _____

_____

_____

_____

I am feeling: 😍 🙂 😐 🙁   Date: _____

Today I am grateful for: _____

_____

_____

_____

REFLECT ON YOUR WEEK
How did the Positivity Focus influence your week? What were some of the good things that happened? How do you feel at the close of this week?

CELEBRATE!
You're halfway through this new year of striving to be Grateful Every Day. How do you feel?

Take some time to reflect on the previous weeks. Use these next two pages to write, doodle or draw about your feelings, or paste in some photos of the highlights.

THIS WEEK'S POSITIVITY FOCUS
I can do this.

I am feeling: 😊 🙂 😐 ☹️   Date: _____

Today I am grateful for: _____

_____

_____

_____

I am feeling: 😊 🙂 😐 ☹️   Date: _____

Today I am grateful for: _____

_____

_____

_____

I am feeling: 😊 🙂 😐 ☹️   Date: _____

Today I am grateful for: _____

_____

_____

_____

I am feeling: 😊 🙂 😐 ☹️   Date: _____

Today I am grateful for: _____

_____

_____

_____

I am feeling: 😍 🙂 😐 🙁   Date: _____

Today I am grateful for: _____

_____
_____
_____

I am feeling: 😍 🙂 😐 🙁   Date: _____

Today I am grateful for: _____

_____
_____
_____

I am feeling: 😍 🙂 😐 🙁   Date: _____

Today I am grateful for: _____

_____
_____
_____

REFLECT ON YOUR WEEK

How did the Positivity Focus influence your week? What were some of the good things that happened? How do you feel at the close of this week?

THIS WEEK'S POSITIVITY FOCUS
I can choose to let go of anger in favor of
love and forgiveness.

I am feeling: 😊 🙂 😐 ☹️   Date: _____

Today I am grateful for: _____

_____

_____

_____

I am feeling: 😊 🙂 😐 ☹️   Date: _____

Today I am grateful for: _____

_____

_____

_____

I am feeling: 😊 🙂 😐 ☹️   Date: _____

Today I am grateful for: _____

_____

_____

_____

I am feeling: 😊 🙂 😐 ☹️   Date: _____

Today I am grateful for: _____

_____

_____

_____

I am feeling: 😍 🙂 😐 🙁   Date: _____

Today I am grateful for: _____

_____

_____

_____

I am feeling: 😍 🙂 😐 🙁   Date: _____

Today I am grateful for: _____

_____

_____

_____

I am feeling: 😍 🙂 😐 🙁   Date: _____

Today I am grateful for: _____

_____

_____

_____

REFLECT ON YOUR WEEK
How did the Positivity Focus influence your week? What were some of the good things that happened? How do you feel at the close of this week?

THIS WEEK'S POSITIVITY FOCUS
I face the day with calm and a positive outlook.

I am feeling: 😊 🙂 😐 🙁   Date: _____

Today I am grateful for: _____
_____
_____
_____

I am feeling: 😊 🙂 😐 🙁   Date: _____

Today I am grateful for: _____
_____
_____
_____

I am feeling: 😊 🙂 😐 🙁   Date: _____

Today I am grateful for: _____
_____
_____
_____

I am feeling: 😊 🙂 😐 🙁   Date: _____

Today I am grateful for: _____
_____
_____
_____

I am feeling: 😍 🙂 😐 ☹️   Date: _____

Today I am grateful for: _____

_____

_____

_____

I am feeling: 😍 🙂 😐 ☹️   Date: _____

Today I am grateful for: _____

_____

_____

_____

I am feeling: 😍 🙂 😐 ☹️   Date: _____

Today I am grateful for: _____

_____

_____

_____

REFLECT ON YOUR WEEK
How did the Positivity Focus influence your week? What were some of the good things that happened? How do you feel at the close of this week?

THIS WEEK'S POSITIVITY FOCUS
I am who I want to be.

I am feeling: 😊 🙂 😐 🙁   Date: _____

Today I am grateful for: _____
_____
_____
_____

I am feeling: 😊 🙂 😐 🙁   Date: _____

Today I am grateful for: _____
_____
_____
_____

I am feeling: 😊 🙂 😐 🙁   Date: _____

Today I am grateful for: _____
_____
_____
_____

I am feeling: 😊 🙂 😐 🙁   Date: _____

Today I am grateful for: _____
_____
_____
_____

I am feeling: 😍 🙂 😐 ☹️   Date: _____

Today I am grateful for: _____

_____

_____

_____

I am feeling: 😍 🙂 😐 ☹️   Date: _____

Today I am grateful for: _____

_____

_____

_____

I am feeling: 😍 🙂 😐 ☹️   Date: _____

Today I am grateful for: _____

_____

_____

_____

REFLECT ON YOUR WEEK
How did the Positivity Focus influence your week? What were some of the good things that happened? How do you feel at the close of this week?

THIS WEEK'S POSITIVITY FOCUS
My heart is open and welcoming to each new day.

I am feeling: 😊 🙂 😐 🙁   Date: _____

Today I am grateful for: _____

_____

_____

_____

I am feeling: 😊 🙂 😐 🙁   Date: _____

Today I am grateful for: _____

_____

_____

_____

I am feeling: 😊 🙂 😐 🙁   Date: _____

Today I am grateful for: _____

_____

_____

_____

I am feeling: 😊 🙂 😐 🙁   Date: _____

Today I am grateful for: _____

_____

_____

_____

I am feeling: 😍 🙂 😐 ☹️   Date: _____

Today I am grateful for: _____

_____
_____
_____
_____

I am feeling: 😍 🙂 😐 ☹️   Date: _____

Today I am grateful for: _____

_____
_____
_____
_____

I am feeling: 😍 🙂 😐 ☹️   Date: _____

Today I am grateful for: _____

_____
_____
_____
_____

REFLECT ON YOUR WEEK
How did the Positivity Focus influence your week? What were some of the good things that happened? How do you feel at the close of this week?

THIS WEEK'S POSITIVITY FOCUS
I am proud of myself.

I am feeling: 😊 🙂 😐 ☹️   Date: _____

Today I am grateful for: _____

_____
_____
_____

I am feeling: 😊 🙂 😐 ☹️   Date: _____

Today I am grateful for: _____

_____
_____
_____

I am feeling: 😊 🙂 😐 ☹️   Date: _____

Today I am grateful for: _____

_____
_____
_____

I am feeling: 😊 🙂 😐 ☹️   Date: _____

Today I am grateful for: _____

_____
_____
_____

I am feeling: 😍 🙂 😐 ☹️ Date: _____

Today I am grateful for: _____

_____

_____

_____

I am feeling: 😍 🙂 😐 ☹️ Date: _____

Today I am grateful for: _____

_____

_____

_____

I am feeling: 😍 🙂 😐 ☹️ Date: _____

Today I am grateful for: _____

_____

_____

_____

REFLECT ON YOUR WEEK
How did the Positivity Focus influence your week? What were some of the good things that happened? How do you feel at the close of this week?

THIS WEEK'S POSITIVITY FOCUS
I am energized by the thought of a new day.

I am feeling: 😊 🙂 😐 ☹️   Date: _____

Today I am grateful for: _____

_____
_____
_____

I am feeling: 😊 🙂 😐 ☹️   Date: _____

Today I am grateful for: _____

_____
_____
_____

I am feeling: 😊 🙂 😐 ☹️   Date: _____

Today I am grateful for: _____

_____
_____
_____

I am feeling: 😊 🙂 😐 ☹️   Date: _____

Today I am grateful for: _____

_____
_____
_____

I am feeling: 😊 🙂 😐 ☹️ Date: _____

Today I am grateful for: _____

_____
_____
_____

I am feeling: 😊 🙂 😐 ☹️ Date: _____

Today I am grateful for: _____

_____
_____
_____

I am feeling: 😊 🙂 😐 ☹️ Date: _____

Today I am grateful for: _____

_____
_____
_____

REFLECT ON YOUR WEEK

How did the Positivity Focus influence your week? What were some of the good things that happened? How do you feel at the close of this week?

THIS WEEK'S POSITIVITY FOCUS
I am stronger today than I was yesterday.

I am feeling: ☺ ☺ 😐 ☹   Date: _____

Today I am grateful for: _____

_____
_____
_____

I am feeling: ☺ ☺ 😐 ☹   Date: _____

Today I am grateful for: _____

_____
_____
_____

I am feeling: ☺ ☺ 😐 ☹   Date: _____

Today I am grateful for: _____

_____
_____
_____

I am feeling: ☺ ☺ 😐 ☹   Date: _____

Today I am grateful for: _____

_____
_____
_____

I am feeling: 😍 🙂 😐 🙁   Date: _____

Today I am grateful for: _____

_____
_____
_____

I am feeling: 😍 🙂 😐 🙁   Date: _____

Today I am grateful for: _____

_____
_____
_____

I am feeling: 😍 🙂 😐 🙁   Date: _____

Today I am grateful for: _____

_____
_____
_____

REFLECT ON YOUR WEEK
How did the Positivity Focus influence your week? What were some of the good things that happened? How do you feel at the close of this week?

THIS WEEK'S POSITIVITY FOCUS
I add something special to the world.

I am feeling: 😍 🙂 😐 🙁   Date: _____

Today I am grateful for: _____

_____

_____

_____

I am feeling: 😍 🙂 😐 🙁   Date: _____

Today I am grateful for: _____

_____

_____

_____

I am feeling: 😍 🙂 😐 🙁   Date: _____

Today I am grateful for: _____

_____

_____

_____

I am feeling: 😍 🙂 😐 🙁   Date: _____

Today I am grateful for: _____

_____

_____

_____

I am feeling: 😊 🙂 😐 🙁   Date: _____

Today I am grateful for: _____
_____
_____
_____

I am feeling: 😊 🙂 😐 🙁   Date: _____

Today I am grateful for: _____
_____
_____
_____

I am feeling: 😊 🙂 😐 🙁   Date: _____

Today I am grateful for: _____
_____
_____
_____

REFLECT ON YOUR WEEK
How did the Positivity Focus influence your week? What were some of the good things that happened? How do you feel at the close of this week?

THIS WEEK'S POSITIVITY FOCUS
I am in control of my thoughts, my feelings,
and my choices.

I am feeling: 😊 🙂 😐 🙁   Date: _____

Today I am grateful for: _____

_____
_____
_____

I am feeling: 😊 🙂 😐 🙁   Date: _____

Today I am grateful for: _____

_____
_____
_____

I am feeling: 😊 🙂 😐 🙁   Date: _____

Today I am grateful for: _____

_____
_____
_____

I am feeling: 😊 🙂 😐 🙁   Date: _____

Today I am grateful for: _____

_____
_____
_____

I am feeling: 😊 🙂 😐 ☹️   Date: _____

Today I am grateful for: _____

_____

_____

_____

I am feeling: 😊 🙂 😐 ☹️   Date: _____

Today I am grateful for: _____

_____

_____

_____

I am feeling: 😊 🙂 😐 ☹️   Date: _____

Today I am grateful for: _____

_____

_____

_____

REFLECT ON YOUR WEEK
How did the Positivity Focus influence your week? What were some of the good things that happened? How do you feel at the close of this week?

THIS WEEK'S POSITIVITY FOCUS
I enjoy learning new things.

I am feeling: 😍 🙂 😐 ☹️   Date: _____

Today I am grateful for: _____

_____

_____

_____

I am feeling: 😍 🙂 😐 ☹️   Date: _____

Today I am grateful for: _____

_____

_____

_____

I am feeling: 😍 🙂 😐 ☹️   Date: _____

Today I am grateful for: _____

_____

_____

_____

I am feeling: 😍 🙂 😐 ☹️   Date: _____

Today I am grateful for: _____

_____

_____

_____

I am feeling: 😊 🙂 😐 ☹️   Date: _____

Today I am grateful for: _____

_____
_____
_____

I am feeling: 😊 🙂 😐 ☹️   Date: _____

Today I am grateful for: _____

_____
_____
_____

I am feeling: 😊 🙂 😐 ☹️   Date: _____

Today I am grateful for: _____

_____
_____
_____

REFLECT ON YOUR WEEK
How did the Positivity Focus influence your week? What were some of the good things that happened? How do you feel at the close of this week?

THIS WEEK'S POSITIVITY FOCUS
I love myself, and I am worthy of being loved.

I am feeling: 😍 🙂 😐 ☹️   Date: _____

Today I am grateful for: _____
_____
_____
_____

I am feeling: 😍 🙂 😐 ☹️   Date: _____

Today I am grateful for: _____
_____
_____
_____

I am feeling: 😍 🙂 😐 ☹️   Date: _____

Today I am grateful for: _____
_____
_____
_____

I am feeling: 😍 🙂 😐 ☹️   Date: _____

Today I am grateful for: _____
_____
_____
_____

I am feeling: 😊 🙂 😐 🙁   Date: _____

Today I am grateful for: _____

_____
_____
_____

I am feeling: 😊 🙂 😐 🙁   Date: _____

Today I am grateful for: _____

_____
_____
_____

I am feeling: 😊 🙂 😐 🙁   Date: _____

Today I am grateful for: _____

_____
_____
_____

REFLECT ON YOUR WEEK
How did the Positivity Focus influence your week? What were some of the good things that happened? How do you feel at the close of this week?

THIS WEEK'S POSITIVITY FOCUS
My commitment to myself is real and it is important.

I am feeling: 😊 🙂 😐 ☹️   Date: _____

Today I am grateful for: _____

_____
_____
_____

I am feeling: 😊 🙂 😐 ☹️   Date: _____

Today I am grateful for: _____

_____
_____
_____

I am feeling: 😊 🙂 😐 ☹️   Date: _____

Today I am grateful for: _____

_____
_____
_____

I am feeling: 😊 🙂 😐 ☹️   Date: _____

Today I am grateful for: _____

_____
_____
_____

I am feeling: 😊 🙂 😐 🙁   Date: _____

Today I am grateful for: _____

_____

_____

_____

I am feeling: 😊 🙂 😐 🙁   Date: _____

Today I am grateful for: _____

_____

_____

_____

I am feeling: 😊 🙂 😐 🙁   Date: _____

Today I am grateful for: _____

_____

_____

_____

REFLECT ON YOUR WEEK
How did the Positivity Focus influence your week? What were some of the good things that happened? How do you feel at the close of this week?

THIS WEEK'S POSITIVITY FOCUS
I am getting stronger every day.

I am feeling: 😍 🙂 😐 ☹️   Date: _____

Today I am grateful for: _____

_____

_____

_____

I am feeling: 😍 🙂 😐 ☹️   Date: _____

Today I am grateful for: _____

_____

_____

_____

I am feeling: 😍 🙂 😐 ☹️   Date: _____

Today I am grateful for: _____

_____

_____

_____

I am feeling: 😍 🙂 😐 ☹️   Date: _____

Today I am grateful for: _____

_____

_____

_____

I am feeling: 😍 🙂 😐 🙁   Date: _____

Today I am grateful for: _____

_____

_____

_____

I am feeling: 😍 🙂 😐 🙁   Date: _____

Today I am grateful for: _____

_____

_____

_____

I am feeling: 😍 🙂 😐 🙁   Date: _____

Today I am grateful for: _____

_____

_____

_____

REFLECT ON YOUR WEEK
How did the Positivity Focus influence your week? What were some of the good things that happened? How do you feel at the close of this week?

THIS WEEK'S POSITIVITY FOCUS
Everything I need to feel content is already inside me.

I am feeling: 😊 🙂 😐 ☹️   Date: _____

Today I am grateful for: _____

_____

_____

_____

I am feeling: 😊 🙂 😐 ☹️   Date: _____

Today I am grateful for: _____

_____

_____

_____

I am feeling: 😊 🙂 😐 ☹️   Date: _____

Today I am grateful for: _____

_____

_____

_____

I am feeling: 😊 🙂 😐 ☹️   Date: _____

Today I am grateful for: _____

_____

_____

_____

I am feeling: 😍 🙂 😐 🙁   Date: _____

Today I am grateful for: _____

_____

_____

_____

I am feeling: 😍 🙂 😐 🙁   Date: _____

Today I am grateful for: _____

_____

_____

_____

I am feeling: 😍 🙂 😐 🙁   Date: _____

Today I am grateful for: _____

_____

_____

_____

REFLECT ON YOUR WEEK
How did the Positivity Focus influence your week? What were some of the good things that happened? How do you feel at the close of this week?

THIS WEEK'S POSITIVITY FOCUS
My progress is always growing and moving forward.

I am feeling: 😊 🙂 😐 🙁   Date: _____

Today I am grateful for: _____

_____

_____

_____

I am feeling: 😊 🙂 😐 🙁   Date: _____

Today I am grateful for: _____

_____

_____

_____

I am feeling: 😊 🙂 😐 🙁   Date: _____

Today I am grateful for: _____

_____

_____

_____

I am feeling: 😊 🙂 😐 🙁   Date: _____

Today I am grateful for: _____

_____

_____

_____

I am feeling: 😍 🙂 😐 ☹️ Date: _____

Today I am grateful for: _____

_____

_____

_____

I am feeling: 😍 🙂 😐 ☹️ Date: _____

Today I am grateful for: _____

_____

_____

_____

I am feeling: 😍 🙂 😐 ☹️ Date: _____

Today I am grateful for: _____

_____

_____

_____

REFLECT ON YOUR WEEK
How did the Positivity Focus influence your week? What were some of the good things that happened? How do you feel at the close of this week?

THIS WEEK'S POSITIVITY FOCUS
I choose hope over fear.

I am feeling: 😍 🙂 😐 ☹️   Date: _____

Today I am grateful for: _____

_____

_____

_____

I am feeling: 😍 🙂 😐 ☹️   Date: _____

Today I am grateful for: _____

_____

_____

_____

I am feeling: 😍 🙂 😐 ☹️   Date: _____

Today I am grateful for: _____

_____

_____

_____

I am feeling: 😍 🙂 😐 ☹️   Date: _____

Today I am grateful for: _____

_____

_____

_____

I am feeling: 😍 🙂 😐 ☹️ Date: _____

Today I am grateful for: _____

_____

_____

_____

I am feeling: 😍 🙂 😐 ☹️ Date: _____

Today I am grateful for: _____

_____

_____

_____

I am feeling: 😍 🙂 😐 ☹️ Date: _____

Today I am grateful for: _____

_____

_____

_____

REFLECT ON YOUR WEEK
How did the Positivity Focus influence your week? What were some of the good things that happened? How do you feel at the close of this week?

THIS WEEK'S POSITIVITY FOCUS
I am grateful for who I am and what I have.

I am feeling: 😊 🙂 😐 🙁   Date: _____

Today I am grateful for: _____
_____
_____
_____

I am feeling: 😊 🙂 😐 🙁   Date: _____

Today I am grateful for: _____
_____
_____
_____

I am feeling: 😊 🙂 😐 🙁   Date: _____

Today I am grateful for: _____
_____
_____
_____

I am feeling: 😊 🙂 😐 🙁   Date: _____

Today I am grateful for: _____
_____
_____
_____

I am feeling: 😍 🙂 😐 ☹️   Date: _____

Today I am grateful for: _____

_____
_____
_____

I am feeling: 😍 🙂 😐 ☹️   Date: _____

Today I am grateful for: _____

_____
_____
_____

I am feeling: 😍 🙂 😐 ☹️   Date: _____

Today I am grateful for: _____

_____
_____
_____

REFLECT ON YOUR WEEK
How did the Positivity Focus influence your week? What were some of the good things that happened? How do you feel at the close of this week?

THIS WEEK'S POSITIVITY FOCUS
Good things happen to me every day.

I am feeling: 😍 🙂 😐 ☹️   Date: _____

Today I am grateful for: _____

_____
_____
_____

I am feeling: 😍 🙂 😐 ☹️   Date: _____

Today I am grateful for: _____

_____
_____
_____

I am feeling: 😍 🙂 😐 ☹️   Date: _____

Today I am grateful for: _____

_____
_____
_____

I am feeling: 😍 🙂 😐 ☹️   Date: _____

Today I am grateful for: _____

_____
_____
_____

I am feeling: 😊 🙂 😐 🙁   Date: _____

Today I am grateful for: _____

_____

_____

_____

I am feeling: 😊 🙂 😐 🙁   Date: _____

Today I am grateful for: _____

_____

_____

_____

I am feeling: 😊 🙂 😐 🙁   Date: _____

Today I am grateful for: _____

_____

_____

_____

REFLECT ON YOUR WEEK
How did the Positivity Focus influence your week? What were some of the good things that happened? How do you feel at the close of this week?

THIS WEEK'S POSITIVITY FOCUS
I have the courage and the faith
to make good decisions for myself.

I am feeling: 😊 🙂 😐 ☹️   Date: _____

Today I am grateful for: _____

_____
_____
_____

I am feeling: 😊 🙂 😐 ☹️   Date: _____

Today I am grateful for: _____

_____
_____
_____

I am feeling: 😊 🙂 😐 ☹️   Date: _____

Today I am grateful for: _____

_____
_____
_____

I am feeling: 😊 🙂 😐 ☹️   Date: _____

Today I am grateful for: _____

_____
_____
_____

I am feeling: 😍 🙂 😐 🙁   Date: _____

Today I am grateful for: _____

_____

_____

_____

I am feeling: 😍 🙂 😐 🙁   Date: _____

Today I am grateful for: _____

_____

_____

_____

I am feeling: 😍 🙂 😐 🙁   Date: _____

Today I am grateful for: _____

_____

_____

_____

REFLECT ON YOUR WEEK
How did the Positivity Focus influence your week? What were some of the good things that happened? How do you feel at the close of this week?

THIS WEEK'S POSITIVITY FOCUS
My feelings matter.

I am feeling: 😊 🙂 😐 ☹️   Date: _____

Today I am grateful for: _____

_____

_____

_____

I am feeling: 😊 🙂 😐 ☹️   Date: _____

Today I am grateful for: _____

_____

_____

_____

I am feeling: 😊 🙂 😐 ☹️   Date: _____

Today I am grateful for: _____

_____

_____

_____

I am feeling: 😊 🙂 😐 ☹️   Date: _____

Today I am grateful for: _____

_____

_____

_____

I am feeling: 😍 🙂 😐 🙁   Date: _____

Today I am grateful for: _____

_____
_____
_____

I am feeling: 😍 🙂 😐 🙁   Date: _____

Today I am grateful for: _____

_____
_____
_____

I am feeling: 😍 🙂 😐 🙁   Date: _____

Today I am grateful for: _____

_____
_____
_____

REFLECT ON YOUR WEEK
How did the Positivity Focus influence your week? What were some of the good things that happened? How do you feel at the close of this week?

THIS WEEK'S POSITIVITY FOCUS
I deserve to be happy.

I am feeling: 😊 🙂 😐 🙁   Date: _____

Today I am grateful for: _____

_____
_____
_____

I am feeling: 😊 🙂 😐 🙁   Date: _____

Today I am grateful for: _____

_____
_____
_____

I am feeling: 😊 🙂 😐 🙁   Date: _____

Today I am grateful for: _____

_____
_____
_____

I am feeling: 😊 🙂 😐 🙁   Date: _____

Today I am grateful for: _____

_____
_____
_____

I am feeling: 😊 🙂 😐 🙁   Date: _____

Today I am grateful for: _____

_____

_____

_____

I am feeling: 😊 🙂 😐 🙁   Date: _____

Today I am grateful for: _____

_____

_____

_____

I am feeling: 😊 🙂 😐 🙁   Date: _____

Today I am grateful for: _____

_____

_____

_____

REFLECT ON YOUR WEEK
How did the Positivity Focus influence your week? What were some of the good things that happened? How do you feel at the close of this week?

THIS WEEK'S POSITIVITY FOCUS
I am enough.

I am feeling: 😊 🙂 😐 ☹️   Date: _____

Today I am grateful for: _____

_____

_____

_____

I am feeling: 😊 🙂 😐 ☹️   Date: _____

Today I am grateful for: _____

_____

_____

_____

I am feeling: 😊 🙂 😐 ☹️   Date: _____

Today I am grateful for: _____

_____

_____

_____

I am feeling: 😊 🙂 😐 ☹️   Date: _____

Today I am grateful for: _____

_____

_____

_____

I am feeling: 😊 🙂 😐 🙁   Date: _____

Today I am grateful for: _____

_____

_____

_____

I am feeling: 😊 🙂 😐 🙁   Date: _____

Today I am grateful for: _____

_____

_____

_____

I am feeling: 😊 🙂 😐 🙁   Date: _____

Today I am grateful for: _____

_____

_____

_____

REFLECT ON YOUR WEEK
How did the Positivity Focus influence your week? What were some of the good things that happened? How do you feel at the close of this week?

THIS WEEK'S POSITIVITY FOCUS
I have the courage to live my dreams.

I am feeling: 😊 🙂 😐 🙁   Date: _____

Today I am grateful for: _____
_____
_____
_____

I am feeling: 😊 🙂 😐 🙁   Date: _____

Today I am grateful for: _____
_____
_____
_____

I am feeling: 😊 🙂 😐 🙁   Date: _____

Today I am grateful for: _____
_____
_____
_____

I am feeling: 😊 🙂 😐 🙁   Date: _____

Today I am grateful for: _____
_____
_____
_____

I am feeling: 😍 🙂 😐 ☹️   Date: _____

Today I am grateful for: _____

_____
_____
_____

I am feeling: 😍 🙂 😐 ☹️   Date: _____

Today I am grateful for: _____

_____
_____
_____

I am feeling: 😍 🙂 😐 ☹️   Date: _____

Today I am grateful for: _____

_____
_____
_____

REFLECT ON YOUR WEEK
How did the Positivity Focus influence your week? What were some of the good things that happened? How do you feel at the close of this week?

THIS WEEK'S POSITIVITY FOCUS
Everything will work out for me.

I am feeling: 😊 🙂 😐 ☹️   Date: _____

Today I am grateful for: _____

_____

_____

_____

I am feeling: 😊 🙂 😐 ☹️   Date: _____

Today I am grateful for: _____

_____

_____

_____

I am feeling: 😊 🙂 😐 ☹️   Date: _____

Today I am grateful for: _____

_____

_____

_____

I am feeling: 😊 🙂 😐 ☹️   Date: _____

Today I am grateful for: _____

_____

_____

_____

I am feeling: 😊 🙂 😐 ☹️   Date: _____

Today I am grateful for: _____

_____

_____

_____

I am feeling: 😊 🙂 😐 ☹️   Date: _____

Today I am grateful for: _____

_____

_____

_____

I am feeling: 😊 🙂 😐 ☹️   Date: _____

Today I am grateful for: _____

_____

_____

_____

REFLECT ON YOUR WEEK
How did the Positivity Focus influence your week? What were some of the good things that happened? How do you feel at the close of this week?

THIS WEEK'S POSITIVITY FOCUS
I have a peaceful mind and a grateful heart.

I am feeling: 😊 🙂 😐 ☹️   Date: _____

Today I am grateful for: _____

_____

_____

_____

I am feeling: 😊 🙂 😐 ☹️   Date: _____

Today I am grateful for: _____

_____

_____

_____

I am feeling: 😊 🙂 😐 ☹️   Date: _____

Today I am grateful for: _____

_____

_____

_____

I am feeling: 😊 🙂 😐 ☹️   Date: _____

Today I am grateful for: _____

_____

_____

_____

I am feeling: 😊 🙂 😐 🙁   Date: _____

Today I am grateful for: _____

_____
_____
_____

I am feeling: 😊 🙂 😐 🙁   Date: _____

Today I am grateful for: _____

_____
_____
_____

I am feeling: 😊 🙂 😐 🙁   Date: _____

Today I am grateful for: _____

_____
_____
_____

REFLECT ON YOUR WEEK
How did the Positivity Focus influence your week? What were some of the good things that happened? How do you feel at the close of this week?

YOU ARE AMAZING!
Here you are, at the end of this 52-week journal.
Be proud of yourself! ☺

Take some time to reflect on the year you've just experienced, and on the promise of the one that lies ahead. Use these next pages to write, doodle or draw about your feelings, things you've learned about yourself, or paste in some photos of the year's highlights.

♥ THANK YOU ♥

We hope you enjoyed your Grateful Every Day journal!

We'd love to hear your thoughts, and we'd also like to send you a little something fun in appreciation for your purchase.

To claim your free gift, visit the link below:

https://bit.ly/GratefulFreebie

To learn more about our books, follow us at:

www.amazon.com/author/pixelatedpoppypress

www.PixelatedPoppyPress.com

Printed in Great Britain
by Amazon